AF599877

ZARANDAJAS

MAYELA PARAMIO VIDAL

Aliarediciones

Corrección: Eladia Guerrero
Diseño de cubierta: Jaime Galisteo
Maquetación: Aliar Ediciones

Depósito Legal: GR 395-2025
ISBN: 979-13-87590-77-2

Impreso en España

Edita
ALIAR Ediciones
www.aliarediciones.es
info@aliarediciones.es

ZARANDAJAS

MAYELA PARAMIO VIDAL

La creatividad es la imaginación enamorada.

Marifé Santiago

La palabra poética tiene voluntad hospitalaria,
solo se produce el hecho poético cuando es habitada por un lector.
Se escribe un poema como se prepara una habitación
para recibir la visita del otro.

Luis García Montero. *Las palabras rotas*

Allí donde el «homo ludens» y el «homo narrans» se cruzan,
estoy convencido, es donde residimos como seres humanos.

Javier Peña. *Tinta invisible*

La creatividad es un viaje a otra dimensión.

Rosa Montero. *El peligro de estar cuerda*

ZARANDAJAS

Lista de reproducción

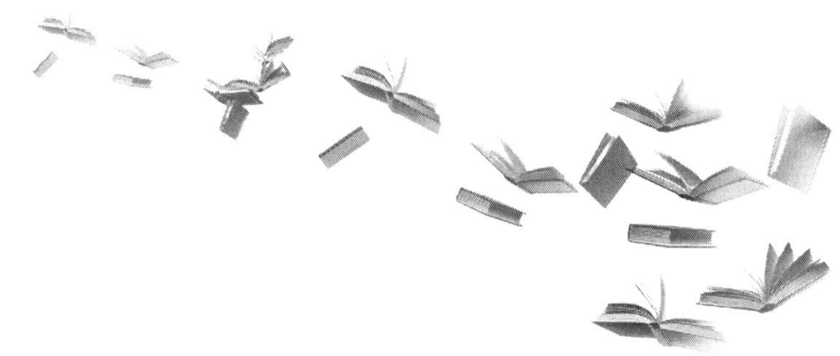

LA VIDA ES PURO TEATRO. LA PALABRA HECHA VIDA

Bajo la musicalidad de la palabra *zarandajas* se reúnen unos más o menos lúdicos ejercicios de ritmo. Con la licencia de tomar prestada la acertadísima cita de Álvaro Tato en la que define al verso áureo como «la música del idioma» (percibiendo sus brotes, látigos o abrazos, el fluir o chisporroteo de su perfecta esgrima entre *staccatos*, crujidos, sabores y chispazos del lenguaje —precisaré el contexto— en la soberbia genialidad del verso barroco del Siglo de Oro); mi primera recomendación sería encomiar a una lectura sinestésica en voz alta. Si bien, con toda la humildad y el sonrojo provocado por la referencia previa y amparándome en la acepción coloquial de *zarandajas* del DRAE: «Cosa menuda, sin valor o de importancia muy secundaria». En mi defensa, argüiré que bajo el significado de fruslerías o bagatelas incorporo desde el trascendente *Ubi sunt* de la brevedad de la vida hasta los más gamberros y artísticos *Juegos literarios*, sección que estrecha la mano a lo teatral.

Y es que, si el verso nace ligado al teatro, justo es que el texto nos lleve hacia el juego dramático. Si la poesía es música, cuando se hace vida surge uno de los mayores placeres estéticos: el arte teatral. Yo no he llegado más que a una mínima incursión sometida al anclaje del papel, pero con los dobleces de la papiroflexia que lo conviertan en un avión de tinta. Y así, espero que las alas lúdicas de lo creativo nos lleven a través de la oralidad y el gesto a jugar con el deseo de encarnarse a través del alma y cuerpo del lector.

Sí, peco de exagerada, pero mis intenciones, aunque hiperbólicas, pretenden contagiar de musicalidad e irreverencia la cotidiana monotonía circundante. De ese deseo nace este libro que ya deja de ser mío al compartirlo y someterlo al juicio de quien ahora lo sostiene entre las manos.

La autora

Prólogo

EN EL VAGÓN DE LA POESÍA

El camino de la poesía, de cara a los lectores, lo inicia Mayela Paramio Vidal en 2022, con el curioso título *Baldosas amarillas danzan en el desván del alma*, libro que disfrutó pronto, en el mismo año, de una segunda edición. Aquellas prosas delineaban poéticamente motivos de la infancia, de aquel tiempo dilatado, pero inevitablemente perdido, sin que ningún esfuerzo —ni siquiera el de la poesía— pueda rescatarlo; solo cabe el recurso de la memoria para evocar la huella aún activa o el desgarro de la pérdida; la memoria abría a la vez en el poemario las heridas del amor y el desamor, del desengaño, en suma. Lo que en aquel primer libro percibimos es algo tan difícil de definir en poesía como la «sinceridad» o la verdad, y no porque se transparente con insólita fuerza la intimidad de un sujeto que tendemos a identificar con la propia poeta, sino porque consideramos estéticamente eficaz la representación verbal de los motivos poetizados.

Cuando en septiembre de 2024 publica *Relatos en diáspora*, Mayela afirma en el prólogo que parte de *su* realidad «no siempre coincide con la del entorno que también ha vivido esa experiencia», pero sí con lo vivido y experimentado por una autora que elabora los recuerdos (y los olvidos) y que pondera lo que la escritura, orientada literariamente, tiene de ficción. Conviene tenerlo presente cuando nos enfrentamos a un nuevo poemario de Mayela, decididamente en verso ahora, que modestamente ha titulado *Zarandajas*, que según el diccionario académico equivale a algo menudo, sin valor o de escasa importancia, significado que, por supuesto, no se corresponde con el mérito del poemario ni con los asuntos allí poetizados.

Lo primero que apreciamos, apenas abrimos las páginas de *Zarandajas*, es el uso del verso regular, medido, salvo raras excepciones, siguiendo una tradición secularmente renovada; no es asunto en el que desee insistir: el lector lo percibirá de inmediato al leer títulos como «Etopeya en octavas reales», «Invención en serventesios», «La edad de los días en décimas» o «Adolescencia en romance endecasílabo». Por otro lado, Mayela, como incontables poetas de antes y de ahora, trae a cuento versos ajenos cuando lo juzga necesario, acudiendo a la enciclopedia abierta de clásicos y modernos, con Lope a la cabeza, autor al que dedicó años y esfuerzos investigadores. El primer poema, «Adiós a la malquerida», reproduce adrede el título de una de las obras más célebres de Benavente; pero es un conocido soneto de Lope el que presta versos reelaborados por la poeta; así, «creer que un cielo en un infierno cabe» reaparece como «*desear que un cielo en un infierno quepa*»; y si Lope concluyó su poema con el verso «Esto es amor, quien lo probó lo sabe», la poeta escribirá: «*Ese es el miedo*, quizá él también lo sepa»; la dualidad amor / miedo puede representar la diferente senda sentimental de Lope / Mayela. «Lope sigue vivo» apunta un poema, y otro se titula «Mi caballero de Olmedo entre jalones dramáticos». Son, indudablemente, «Juegos literarios», como una de las cinco secciones del poemario, en la que hay humor (bromas, ironías, entretenimientos) y diálogos supuestos que contrastan con los poemas de la serie titulada «La realidad menos lúdica», en la que asoma la madre y la educadora dando cuerpo a los poemas. No podía faltar Lope en aquellos «juegos», reformulando el verso «sin mí, sin vos y sin Dios», que en Mayela aparece como «*sin mí, sin Dios y sin vos*». En fin, sin ahondar en el asunto de la intertextualidad con otros casos posibles, el lector percibe que «Sonatina», el segundo de los poemas, es una composición rehecha ingeniosamente sobre el poema homónimo de Darío, que sirve, por así decir, de «falsilla» a la nueva escritura, pero apartándose la poeta de las vanas ilusiones de la princesa dariana en favor de la cruda realidad. No lejos de este campo está la asunción de los tópicos tradicionales para modernizar su sentido. *Ubi sunt* es uno de ellos, título a la vez del más conmovedor de los poemas de *Zarandajas*; ya en *Baldosas amarillas bailan en el desván del alma* afloraba una memoria empapada de cuentos y personajes infantiles como Aladino, Simbad, Barba Azul o Alicia: los relatos del abuelo hablaban hoy, en realidad, de un infancia perdida —aquel paraíso iluminado por la memoria—; en *Zarandajas*, la evocación del abuelo («mi sustrato y mi raíz») renueva emotivamente aquel tópico clásico que incide en lo transitorio del vivir y en la pérdida de lo vivido que, en este caso, es la figura del abuelo, con lo que ella supuso para la niña como descubrimiento del mundo y alimento de la fantasía por medio de los héroes de los cuentos infantiles, entre otras vivencias. Más impersonales y variados de contenido son los poemas de la sección titulada «Desvaríos», en la que reaparece aquel tópico propio sobre todo de la literatura bucólica, el *locus amoenus;* pero en el caso de Mayela no se trata de un paisaje idealizado, sino de un motivo personalizado en el que la fuente, el prado o la sombra son los cuerpos en los que él o ella se ofrecen como reposo y lecho de amor; ocurre que los asuntos amorosos son materia de numerosos poemas, sobre todo en la parte última titulada «Sorpresas»: reencuentros, recelos, reproches («preferiste quedarte en el andén / a subir al vagón»), cicatrices de viejas heridas, memoria de un amor en la temprana adolescencia o de un primer amor que promueve el poema «TSNR en tres tiempos» («Tensión sexual no resuelta», aclara la poeta), un tiempo primero de descubrimiento del amor —una «emoción tan viva»—, uno segundo en el que el tú se dibuja «racional y aséptico», y un tercero que confirma que fue un «amor no entregado», un «deseo no compartido»; los títulos de cada parte del poema indican perfectamente el recorrido temporal; quizá el desengaño sea la consecuencia y uno de los reflejos amorosos persistentes en la poética de Mayela. Termina esta parte última, y el poemario, por lo tanto, con un poema en el que frente a la «eficiencia» de la inteligencia artificial opone la poeta la emoción y el pensamiento libre; digno final para un libro en el que la poeta desnuda su alma y sentimientos —también su buen hacer— ante el lector.

José Enrique Martínez
Doctor en Filología Románica
Catedrático de Teoría de la Literatura en la ULE

I. ZARANDAJAS

ZARANDAJAS

ADIÓS A LA MALQUERIDA

Ni es tan corto el amor
ni tan largo el olvido.

Afligida, temerosa, equivocada,
aborrecida, sumisa, servicial,
dispuesta a complacer y maltratada,
sometida a un silencio sepulcral.
Sentir la amarga hiel en el aliento
no ser ni sombra de lo que se ha sido
humillarse en otro nuevo intento
y masticar un llanto dolorido.

Denigrarse al permanecer quïeta[1],
perdonar el golpe; lamer la herida,
ya no reconocerse en el espejo
y aferrarse a la esperanza incierta,
abrazada al terror en muerta vida,
de un cambio prometido y sin reflejo.

---

1. Diéresis, licencia poética que convierte la palabra en trisílaba.

II.

Sentir la culpa como hierro ardiente
morir mil veces y seguir viviendo
encontrar fuerzas que encubrir mi suerte
y resumir la vida en grave yerro.
Temer qué responder, dudar de todo,
no tener fuerzas para alzar los ojos,
ensordecer el alma, hallar el modo
de esconder, junto a Orfeo, mis despojos.

Desear que un cielo en un infierno quepa,
querer no ver, no sentir, ser invisible,
merma infinita, enraizada cepa.
Ahogar el grito apenas perceptible.
Ese es el miedo, quizá él también lo sepa,
y se estime inclemente e invencible.

III.

Aire, luz, sol, infancia, libertad,
venid en mi auxilio a socorrerme,
resquebrajad esta mediocridad,
la rutina que me atenaza inerme.
Romped los eslabones de mi hastío,
entregadme el coraje del valiente,
yo quiero que el futuro al fin sea mío,
insuflad ánimo en este ser ausente.
No quiero nunca más ser viva muerte,
ya tiemblo con placer en los oídos
del viento que me impulsa a no quererte.
Salto en el equilibrio, miedos idos,
hallo la tregua en mí, mi asfixia inerte
se desvanece en deseos cumplidos.

SONATINA

Me preguntáis qué tengo; extrañáis hoy mi trato,
que si no tengo el brillo de mi anterior retrato.
No me habléis de princesas de vestidos de rosa,
no mencionéis siquiera los príncipes azules,
ya descorrí el ensueño de los ingenuos tules,
por fin no me confunde la tradición hermosa.

De crisálida vana vuelo cual mariposa
y el pasado ya ausente en mi mente reposa.
Ya no quiero suspiros en mi boca de fresa
ni susurros sutiles entre pavos reales,
solo ansío resolver en los cisnes leales
la eterna interrogante que su alabastro apresa.

Prefiero ser la Nora que despierta del sueño
y a marfiles y sedas prefiere el rudo leño:
conocerse a sí misma sin jazmines de Oriente,
reclamar los principios que Poniente asumiera,
lograr la transparencia de la risa sincera
y volver a sentirse, como antaño, valiente.

STRIP PÓKER

Ya sé que hay confesiones que deben de callarse
pero arañan por dentro, se enganchan a la carne
mordiendo los recuerdos que se *creían*[2] dormidos,
despertando al abismo de los frutos prohibidos
de *paraísos* extraños. Se me agotan las armas,
que se enteren los sauces que lloran los pesares:
me quisiste y te quiero,
y yo, sin ser Neruda,
                    resisto los embates
                                        de las conjugaciones.

Te quise y aún me quieres.
Torpe juego de verbos.
Se conjuran los astros
contra principios sólidos
ocultos al recodo
de mi remordimiento,
me cuestionan confusos.

---

2. Para favorecer su lectura oral, el autor señala en cursiva las sinéresis del poema.

Yo no *quería* escribir,
lucha perdida y vana.

Cuando yo me desnudo
sobre el papel en blanco
detrás de cada letra
jugando al *strip póker*
siempre apareces tú.

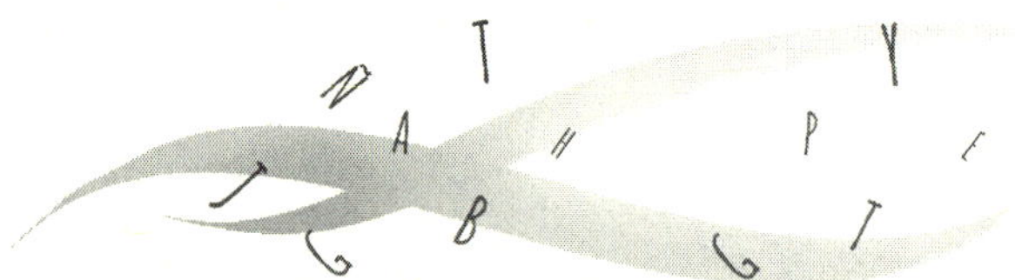

SIN CORDURA

A Mary Rommely,
a quien se debe que «un árbol crezca en Brooklyn».

Un sueño y
los sueños,
sueños son.
Pero en algunas noches
desterrada a alguna isla lejana
tú eres balsámica tabla de náufrago,
mi escondido secreto,
un pequeño reposo
que altera mi rutina doméstica
aunque tú no lo sepas.

Tú solo has sido un sueño
no solo porque esta realidad
abofetee con rabia mis mejillas
sino al desvanecerte al despertar.

MADUREZ

Acudo a la escritura
para matar sueños alimentados
con cine literario.
Tantas letras que mienten,
tantos hombres que sueñan
pero nadie delata.
Y la infancia se tapa los oídos
y se quita los ojos
para dormir tranquila,
sin temor a fantasmas.

¿SILVA MÍSTICA?

Me cobijo en la soledad oscura,
se apagan los rumores de la urbe
e inicio mi camino por la senda.
Me abandonan las mezquinas pasiones,
lejos, lo mundanal, continua lucha,
las ansias, ambiciones y ruindades
se alejan en armónico silencio.
Encuentro un haz de luz
y lo persigo, llena
mi alma de encendidas lenguas puras.
Me aproximo, y un cervatillo viene
a beber a la orilla de mis manos.
Te presienten mis ojos,
la flecha me atraviesa,
inflamadas mis sienes
mientras tú me reclinas
en la frondosa hierba con cuidado.
Abrazada a tus besos
entregados sin pliegues ni asperezas
escondidas, fusión de los sentidos,
nenúfares abiertos en mi boca.

Cualquier vano estrés mengua,
asciendo en ligereza musical,
gravitan los aromas en la piel
(sensualidad en sobrevuelo álgido,
tacto, olfato, sabores, vista, oído
en conjunción perfecta de los astros).

Se diluye todo mi derredor,
el placer nos derrama
en leves balbuceos de no sé qués
que quedan sostenidos en la entrega.
Lástima que este lapsus
se someta a lo ingrato y lo caduco
de promesas efímeras, mortales.

UBI SUNT?

A Emilio, mi abuelo, mi sustrato y raíz.

I.

Dónde están nuestras risas,
dónde nuestros repasos de lecciones.
Qué se hicieron los días
colmados de ternura en tu presencia.
Dónde nuestros paseos por los cuestos
o el ir en bicicleta a los recados.
¿Y aquella soleada galería
de enormes mecedoras *art nouveau*?
Dónde queda tu huerto
levantado con orgullosas manos
de alfarero de semillas e injertos,
siembra, recolección...
Dónde el pozo de aguas cristalinas
donde bebía salpicando el brocal.
Dónde la voz de tus cuentos de antaño,
        el *érase una vez*
                y el *por siempre jamás.*

Todo persiste en mí y en los recuerdos,
que mi aliento tamiza al pronunciarte,
que trato de infundirles a mis hijos
que te quedan tan lejos.

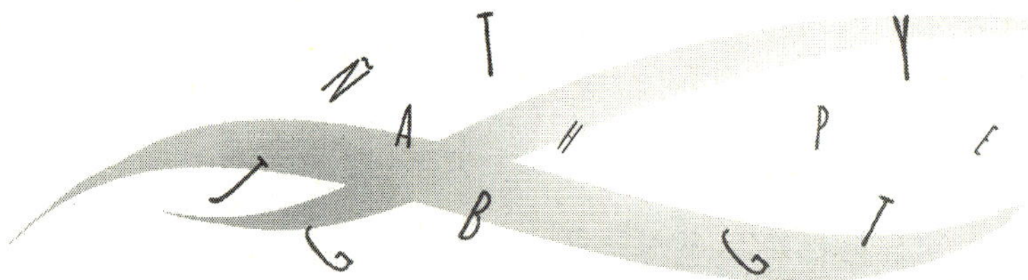

II.

No era yo sino tú,
quien daba espacio al tiempo de ficción;
quien levantaba rocas que escondían
la cueva del tesoro;
venciendo en ultramar a los piratas
de los mares del sur, en cuyos mapas
se adivinaban cofres de doblones,
y exquisitos brocados y tejidos
de dos mil y una noches de labor.
Recuerdo el resplandor de tu mirada,
que titilaba todo el fulgor del mar,
de las piedras preciosas de tus arcas
cuando te codeabas con Simbad,
sombra que busca en ti a su aliado.
Suena el fragor de espadas entre jarcias;
orquestas andanadas de cañones;
todos se humillan ante
el valor de tu brazo en la batalla.
Magnánimo repartes lo ganado
tras la promesa firme de llevarme
en tus viajes una próxima vez.

Deseo ser polizón entre los vientos
que a ti se doblegaban en las velas
del trinquete, mesana y el mayor.
Guiaré la botavara con cuidado,
arbolando el bauprés a tu señal.
Ansias de ser grumete en tu aventura,
de compartir el oro de tu piel
y toda la fortuna en mis oídos.

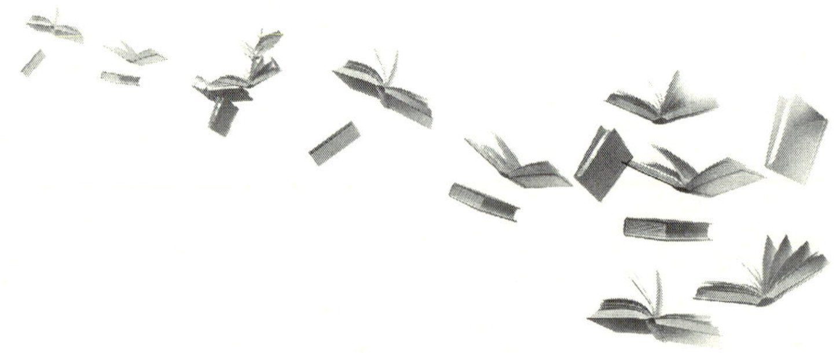

III.

Tu libertad la volcabas en mí,
atento y diligente a mis designios.
La infancia estaba a salvo de abordajes,
y afianzada en los cabos de tu ingenio
me enseñaste a apreciar toda la magia
que se desata en un ábrete, sésamo.

MEMENTO MORI

Los mientras giran.

Javier Velaza, *El campamento de los aqueos*

¿Por qué te ha de esperar el mármol frío,
por qué no hallar cobijo bajo la amable sombra de una higuera?
¿Por qué no siento tu presencia en la piedra
y tu voz aún resuena entre las hojas viejas
de tus memorias escritas en los últimos días?
Esos juegos violentos de los niños,
aquellas carrilanas sin más freno
que los pies en la loma.
Aquel montón de arena de las obras
del que sería el colegio ferroviario
en el que con agua resbalabas
sabiendo que merecía la pena
destrozar la culera
pese a la azotaina que esperaría a la puerta.
Giran los mientras sobre la tinta negra,
el para siempre no admite su derrota
y sin descanso se arremolina obtuso
sobre tu mudo y mustio mármol frío.

ETOPEYA EN OCTAVAS REALES

A mi padre, un hombre bueno en el justo sentido de Machado.

Un hombre de principios y de izquierdas,
un alma de ideales incorruptos,
incluso acorralado entre las cuerdas
afronta con virtud los exabruptos.
Burgués y obrero, en él palabras cuerdas,
en equilibrio y lucha sin abruptos.
Sindicalista en pro de la justicia
y siempre ajeno al hambre de codicia.
Una pasión viviente del deporte,
un seguidor de las causas más nobles,
la personalidad por todo porte
sin vanidad, envidia o falsos dobles.
Siempre entregado al bien sin merma y corte
del prójimo anónimo, sin redobles.
Humildad con ahínco, tenaz quiasmo,
lealtad inquebrantable a su entusiasmo.

II. DESVARÍOS

DESVARÍOS

DESVARÍO

Sé que la edad recela del pasado
pues a ciertas alturas quién no ha amado,
quién no se ha estremecido y sonrojado
con un torpe recuerdo desgajado.

Quién no ha vibrado al filo de lo incierto,
quién no ha rescatado ya casi muerto
del olvido una chispa, a cielo abierto,
un lejano rubor de desconcierto.

A quién no le ha cruzado el pensamiento
del qué habría sido si... ¿O acaso miento?
Después ya la cordura con su tiento
lo recoloca todo en su cimiento.

CINEMATÓGRAFO

Plano cenital.
Se ruborizan mis rizos en tus manos
en aquel banco de nuestro recreo.
Imagino la secuencia
en lento:
se miraban las almas, no los dedos.
Transición a plano medio.
Torpe, me insinué,
¿Te gusta mi cabello?
Primer plano.
Te retiraste brusco, sorprendido;
yo ya no supe sostenerte cerca,
y el instante se derramó en el tiempo.
Fundido a negro.

INVENCIÓN EN SERVENTESIOS

¿Quieres tocar las nubes con los dedos?
Yo ya he volado en globo —creo que dije—.
Tengo ya muchas horas de vuelos...
Fija pues fecha y lugar, elige.

Nunca se concretó la tal promesa,
pactada aquella noche en el café,
pronto nos levantamos de la mesa.
Pasaron muchos días; perdí la fe.

Ahora regresas digitalizado,
formato de última generación,
te aproximas sigiloso a mi lado
en un wasap para tu redención.

ASALTO LITERARIO

Hoy quiero codiciar
recuerdos que aún no han sido,
aquellos que latentes aguardan
que asaltemos el texto,
cojamos su guion y a rienda suelta
en busca de dos autores complacientes
sin refreno ni contención alguna,
con la libertad plena en que la realidad
conquista la ficción de Pirandello,
usurpemos la dirección y saltemos
al vacío de la improvisación más desenvuelta.

PRINCIPIO ABIERTO

¿Acaso serás cruel, indiferente,
tan solo pródigo en breves instantes?
Eros, tu flecha a mí,
quiero tensar tu arco con la fuerza
                    de Ulises.
Apunto en el talón
                    de Aquiles
del miedo a la distancia
hostil que nos impide
saber si ella es quien vence.
Quiero derribar muros y murallas
del tiempo y del espacio
con las huestes de Venus de mi lado
y que te acerques libre
y que tú mismo ofrezcas
tu entrega en la bandeja del deseo
que acoge a los amantes
en el vientre colmado
de los sueños cumplidos,
sin temores absurdos a un futuro
que solo escribirá nuestro albedrío
y los astros dirán...

MI *LOCUS AMOENUS*

Hoy quiero convertirme en ansia viva,
en torrente, en fuente del deseo,
a la sombra de un sauce reposarme
en tu regazo entre helechos y musgos.
Quiero ser manantial y que en mis aguas
abandones y bañes tus cabellos
en cada surco de mis manos líquidas.
Rendida ya al aroma de tu pecho,
sentir el balbuceo sin cordura
de jazmines y lirios en los labios,
sosegado en gemido primigenio
el buen amor de los enamorados.

III. JUEGOS LITERARIOS

JUEGOS LITERARIOS

ABORDAJE CASUAL

¿Me recuerdas?
Es tu rostro visible desconcierto
mientras tratas de indagar en la memoria.
No me atreví a jugar, ser revoltosa
y confundirte *aún*[3] más con la ficción
de una noche, salvaje, viva, ausente.
Solo fui un rostro más de la platea
al que miraste, breve, en tu discurso
al comentar tu charla en mi butaca;
una risa, otro aplauso complaciente,
admiración en flor transfigurada.
Iniciático instante, rendición,
caída plena de Saulo manifiesta,
al revelarse Lope, estar presente
en tus ojos, en tu alma y en tu boca.

---

3. Para favorecer su lectura oral, el autor señala en cursiva las sinéresis.

MI CABALLERO DE OLMEDO ENTRE JALONES DRAMÁTICOS

A Carmelo Gómez

—Carmelo, ¿no conocerás a Alonso?
Pues soy su ferviente fan.
(No me espolearán los celos).
—Aunque siendo hoy su estreno,
no sea ahora el mejor momento
(¿quizás haya otra ocasión?).
—Anda, preséntamelo.
—Aquí lo tienes, Inés.
—Hola, tú no me conoces,
coincidimos en Olmedo,
cual si fueras gala, flor
y caballero, te sigo
desde que rindieras plazas
cual si fueras Hiperión.
Soy, aunque en la distancia,
tu gran ardiente lectora.
(¡Ay!, contente euforia!).
Pues me tienes fascinada,
y es que en ti llevas a Lope

y parece que me siento
sin mí, sin Dios y sin vos.

Ay, no quiero parecer
que me falta alguna tuerca,
es que ni yo me contengo
cuando estoy apasionada.
Perdóname por mis ansias,
ya no te robo más tiempo,
mi enhorabuena sincera.
—Espera, no te impacientes,
que llevas contigo mi alma.
Soy para ti, todo tuyo.
—No me lo digas dos veces,
que lo recojo en estima.
—Tómalo, salva mi vida,
que te la entrego con creces.
¡Acompáñame al estreno!
—No creo que sea mi lugar
pero, pidiéndolo tú,
yo te respondo: sí quiero.
(Detén tamaña osadía).
Es que quería conocerte,

reitero mis parabienes
y ya despierto del sueño
del caballero de Olmedo.
—Dime tu nombre, te espero.
—Siendo tú Alonso; yo, Inés.

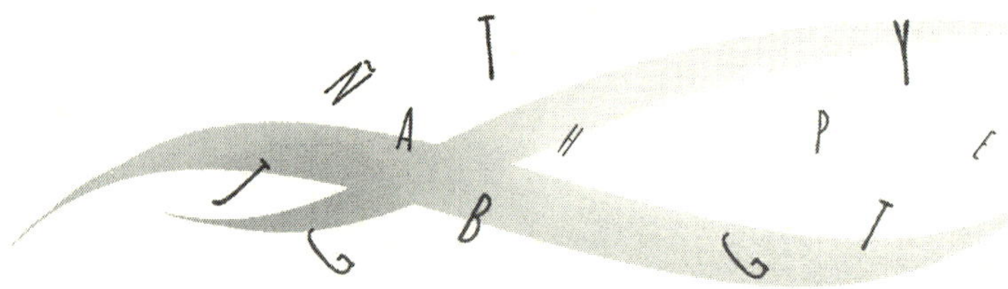

SÚPLICA

¿Qué me quieres, Amor, que me desatas
en ausencias entre recuerdos vagos
y apresas la memoria en mil y un tragos
de soledades ebrias, mas ingratas?

¿Qué bien procuras en amargas catas
destiladas según torpes amagos
cuando distante a los amantes matas
deshecha la pasión en sus estragos?

Complácete en sustentar las horas
con cimientos de realidad palpable,
ofrécenos el tacto en el que moras;

descúbrete tu rostro más amable,
no destruyas lo que en ti mismo adoras,
confíatenos magnánimo y loable.

CONFIDENCIAS MADRE E HIJA

Yo soy caminante que al pasar
arranca las hojas de la flor
y sigue adelante
sin recordar tu amor...
José Serrano Simeón, *La canción del olvido*

—Que es galán el forastero,
pero tú no te me pierdas
que tienes una carrera.
La discreción se mantenga
hasta que llegue Cupido
que apagará toda tea.
A ver si sale un don Juan
como el de aquella zarzuela
y te rompe el corazón
en trozos como cazuela.

—Voy a atreverme a saludarle al menos
no tiraré el pañuelo como antaño
sino que intentaré sobresaltarlo
sin dejarle otra prenda de regalo
que la sorpresa y una grata charla.

—Tente, hija mía, muéstrate más calma
o asustarás sin tregua al elegido.
Su padre es quien te pretende y parece
un prudente, juicioso y buen partido.

—¿Qué dices? Es pesadilla este sueño.
Imaginación, responde: ¿A cuestas
con Moratín en el siglo veintiuno?
¡Desmanes hoy superados me muestras!

¡EA!

Que ya no quiero perderme
entre rumbos lisonjeros,
que ya no quiero perderme
entre amores pasajeros;
que ya no quiero perderme
en presuntos mentideros.
¡Ea!
Solo quiero contagiarme
de ese corazón que late
henchido de enorme orgullo
con una empatía gigante
en el unísono acorde
de alegría que nos cante.
¡Ea!
Que ya no quiero perderme
en un laberinto insomne.

LA EDAD DE LOS DÍAS EN DÉCIMAS

A mi abuela

Mira, mi bien, niña, advierte
que lo que aguarda el futuro
si el destino será muro
o favorable la suerte
se desconoce y revierte
en el paso de los días.
Escoge tus propias vías
ya que una cosa es segura,
no seas muy severa y dura
si al yerro tú te confías.

Pues más de una vez habrá
que equivoques tú tus pasos,
pero recuerda los casos
que la experiencia nos da
y deshacerlo cabrá.
Todo corregir se puede,
así que al baile y que quede
la tristeza bien vencida,
coge la rienda a tu vida
que el tiempo huye, y no cede.

ALEGRE FATIGA INSOMNE CON JALONES

A Carmelo Gómez,
por compartir en la UIMP sus destrezas y dones dramatúrgicos.

—Hoy vengo muerta, sin fuerzas,
pues anoche celebré
que era ya la despedida
y hasta la mañana holgué
con mis amigas de albergue
jugando a los naipes pues.
El haberme retrasado
discúlpame por favor,
unos minutos del alba.
Hoy voluntaria, yo no.
De veras, llego agotada.

—Pues corre por el salón
que aun así llegas con brío
y hay que amansarlo mejor.
Da unas vueltas por el aula.

(¿Es ejercicio o castigo?
Sorprendida me levanta).

—¿Que corra? Ya estoy dispuesta.
¿Hay fatiga? Derrotada.
Juguemos pues con el texto.
(Un suspiro me delata
y lo acompaña mi cuerpo).

—Contención. ¡Cuida esos gestos!
Aparte mío: (¡quién se fuera a la francesa!).
Suelta a la italiana el texto,
todo seguido y corriendo
que yo he de mermar tus fuerzas
pues el exceso las guía
y hay que entregarle las riendas
a la musa de Talía.

—Allá voy. Ya doy mi lengua
al Fénix de los ingenios
que a él me entregara yo entera
si no fuera que viviera
solo en alma *incorporea*[4]
en las huellas de sus versos.

---

4. El término se presenta sin tilde por exigencias métricas, como licencia lúdica que posibilita la rima é-a.

(Debo aplacar que sea un lienzo
mi rostro de la emoción
que siento al juntar su aliento
cuando sus versos pronuncio).
—No busques con la mirada,
ensimísmate al discurso,
da cuerpo a quien lo ha perdido
como el agua sigue un curso,
fluye al encontrar el hilo
pero no olvides el huso,
la moderación te pido
pues es tu caso, aquí *cuso.*
—Sigo las indicaciones.
Vuestro rigor y destreza
me inclinan a tal fervor,
que mi admiración os reza.
Ya sé que menos es más,
me lo has dicho hasta la queja.

—Corre y sigue con el texto,
que no aparezca pereza.

—Maestro, que no es vagancia,
es literal la flaqueza.

LA CRUDA REALIDAD

Pero si ya son las doce,
que hemos mudado la hora,
ya me han quitado la mal
prestada en octubre, ¡hola!
Las labores me reprenden
exámenes en demora,
la familia que reclama
hallar en orden la alcoba,
la colada recogida,
la mesa puesta a su hora.
Y es que no encuentro las ganas...
¿dónde el *boli* rojo mora? (entre dientes).
La *cafetería*[5] de enfrente
con cánticos de salmodia
me restriega prensa y dora
los cruasanes del café.
Venga, ya no me acalora
el legajo de trabajos,
voy a tus brazos de mora,
pereza, con el pretexto

---

5. Para favorecer su lectura oral, el autor señala en cursiva las sinéresis.

de poner al día la toga
y el anexo cultural.

(Qué excusa vana entretengo...
si ya he perdido otra aurora
pues todas me las ocupan
las comedias que aún añora
el alma tras de don Lope.
La cordura ya me ignora,
proeza es que no me espanta,
cuando ahora y sin demora
llegan mis hijos a casa.
(¿Me queda alguna neurona?).

—Niños, tranquilos, un plas
y a la mesa como a Flora
el cuerno de la abundancia
os brindará una mejora.
¿Domino's o Telepizza?
—Mamá, ¿no será una broma?

—Decidme, qué preferís,
os complaceré, señora
de la cocina y fogones.

—Un plato de macarrones.

—Ya voy rauda y corredora.
Es la cruda realidad
que no admite tanta broma.

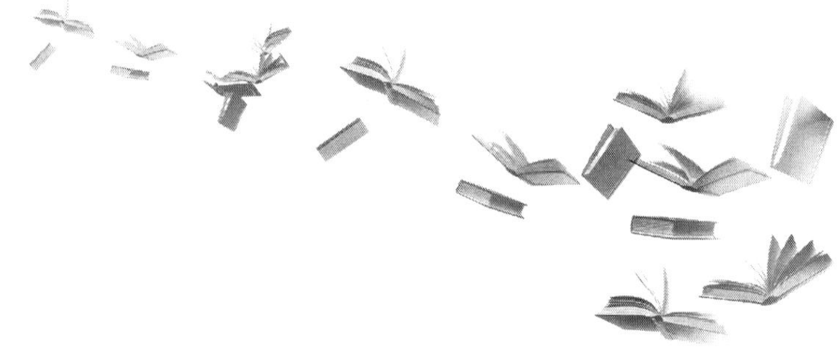

IV. LA REALIDAD MENOS LÚDICA

LA REALIDAD MENOS LÚDICA

CRECER

Cuánto cuesta arrancarse lo nunca cuestionado:
la obligación moral, la culpa impuesta y ciega
sin mirar la balanza de la felicidad.
Cuánto pesa la imagen proyectada,
cómo combate con la libertad
de saltar al vacío del primer paso
hacia ese ignoto mundo de lo adulto.
Cómo después de dado,
la incertidumbre nubla la decisión primera
y a veces descubrimos que ya no hay vuelta atrás.
Avanzamos a golpes y existe la esperanza
de aprovechar aquello que vamos aprendiendo
en devenir continuo.

TEMER

Se teme lo que se ama
por miedo a perderlo, a herirlo
o a que lo agredan los otros.
Siempre lo amado parece
tan frágil y vulnerable
como la inocencia pura
y transparente de un niño.

EDUCAR

El verbo más difícil,
siempre expuesto a las críticas
y a la clara derrota.
Se parece a fundir una espada
con el fuego perfecto
y la aleación templada
en el momento justo.
La perfecta defensa
al borde de su filo
se inflama de esperanza
y de buenos propósitos
de contención y sueño.

MATERNIDAD

Es un lazo que nos une las almas,
atadas para siempre,
se destensa y se tensa
como una goma elástica
ajustada en la horma
del abrazo perfecto.

CORRESPONDENCIAS

Apenas eres hambre y ya exiges aliento [...]
Apenas eres voz y ya gritas mi nombre.
Nuria Antón. *Pequeña muerte,* pág. 13.

Aún no sabes que existes al margen de mi carne,
pero haces mi olor tuyo,
ignoras dónde acaba tu cuerpo,
dónde comienza el mío,
y tus ojos borrosos rastrean
el calostro primero.
Me entrego en alimento
para calmar tu llanto
de abandonar el vientre bienhechor.
Somos correspondencias apenas separadas,
desconoces que han cortado el cordón
que acompasaba el ritmo de una sangre común.
Apenas eres *tú* fuera de mí
y una única corriente gestada en nueve meses
nos ha unido por siempre con el amor más puro
y verdadero, nacido en las entrañas
más llenas de ternuras, de esponjosos melindres

y de una subrepticia protección instintiva
que me afila los dientes ante cualquier peligro.

Apenas has nacido y me invaden los miedos
de saberte tan inerme y tan frágil,
pronto conoceré tus fortalezas
y todas las virtudes albergadas
en un cuerpo tan liviano y menudo.

ADOLESCENCIA EN ROMANCE ENDECASÍLABO

A mi hijo sindicalista a los tres años,
que se sentía explotado por un sistema educativo falto de juegos
y quien gritaba «Ya soy libre» al recibir las vacaciones escolares.

Qué difícil domar tus sentimientos,
descubrir que aborreces ya las aulas,
que has de estar unas seis horas quieto
y no encuentras placer en la enseñanza.

No aprecias el encanto de aprender
como el mejor antídoto del tedio.
Sientes como enemigo al profesor
y *desearías*[6] quitarle ya de en medio.

Soy sincero al decirte que disfrutan
y hallan placer en sus tachones rojos,
nos sonríen maléficos e impíos
al arrancar las hojas a su antojo.

---

6. Para favorecer su lectura oral, el autor señala en cursiva las sinéresis.

Irascibles, engañosos, soberbios,
según tengan el día, así se muestran,
rara vez comprensibles o cercanos,
y nos llevan a clase sus problemas.

Solo en un par percibes el cariño
de quien te echa una mano al instruirte.
Y yo no sé cómo dejarte claro
que únicamente gana quien persiste.

EL CURSO DE LA VIDA

Unos juegos de manos, unas almas de cántaro,
la impaciencia de novios, el brindis de las copas,
los susurros del viento, las aguas del cantar,
los hilos del destino..., la noche de los tiempos,
unos golpes de suerte, un anillo en el dedo,
reuniones de familia, burbujas de champán.

La elegancia del gesto, la venganza de Dios,
tan solo flor de un día en la boca del lobo,
repleta de certezas la ignorancia del necio
y hechos un mar de dudas aires de libertad;
los retos del camino, la libertad del preso,
el sabor del fracaso y las mieles del éxito.

El runrún de las nanas, la vigilia de noche,
la guardería del barrio, la mochila de clase,
el apego del niño, la manta del bebé;
los momentos de mimos, los deberes de clase,
los hábitos de estudio, impuestos de peaje,
el álbum de familia, videojuegos de Play.

Un diálogo de sordos, la oración de la súplica,
un puñado de lágrimas, la vuelta de la calle
del viene de camino a un conmigo no va.
Las normas de la casa, la ley de la cantina;
la firma del divorcio, la entrega de custodia,
la quema de recuerdos y el punto del final.

La mudanza del piso, los restos de las ruinas;
varios pulsos de fuerza, la doma de la piel,
el fiel de la balanza y la ley del talión.
Las monedas de Judas, el color de la ira,
el lavado de manos, la tensión aritmética;
reinicio de partida con juicios de valor.

V. SORPRESAS

SORPRESAS

SLIDING DOORS[7]

Me increpaste para romper el hielo:
vuelves a retrasarte unos minutos;
como si congelaras diez años de tu ausencia
con aquellas palabras.
Una cena escolar, el pretexto perfecto
para dar rienda suelta a un atrasado sueño,
reencontrarnos.

Van llegando desperdigadamente
                                        los antiguos alumnos
mientras no disimulas un cierto malestar
al ver interrumpida
                                        nuestra conversación.
Y nada más sentarnos, mostrabas impaciencia
por compartir conmigo retazos de tu vida.

---

7. El nombre que reciben las puertas correderas o corredizas en el idioma inglés.

Me convertí en tu cómplice,
a sabiendas de una mutua empatía
al descubrir un cierto nerviosismo
por acercarte a mí.

Sliding doors —entonces pronunciaste—,
querías borrar sin más aquellos largos años
(una esposa difícil, la niña de tus ojos,
un marido, dos príncipes...,
fallan las matemáticas en la extraña ecuación),
recuperar así nuestra cita de antaño,
lo que podía haber sido si...

Sliding doors
retomas para mi desconcierto.
Sliding doors —me explicas—
las puertas correderas
en un vagón de metro
además de un gran film.

Y recuerdas lo obvio.
Preferiste quedarte en el andén
a subir al vagón.

Tú cuelgas de tus labios
qué habría sido si acaso...
y mi sonrisa burla la distancia del tiempo,
aunque no lo confieses,
                    me has echado de menos.

De nuevo van llegando,
son rostros conocidos,
                    han pasado los años.
Surgen bromas, anécdotas
de la infancia perdida
y entonces me pregunto
cómo sigo albergando
este latido ingrávido
que estalla ríos de risas
          calladas en mi pecho,
que apenas disimula
          mi aliento contenido.

                    Sliding doors
y el alma se desboca
mientras musita Poe
palabras en mi oído.

Sliding doors

la rendición se fragua,
me delatan mis ojos
que vuelven a soñar
          cada vez que sorprenden
al destino danzando
          con ecos de tu nombre
                    al filo del abismo.

MAIL

Tu nombre en la pantalla,
da un vuelco el corazón de pronto adolescente,
escapa a toda lógica, es algo visceral
que anuda la razón en círculos erráticos.
La infancia de puntillas
se aproxima de nuevo
vestida de organdí.

Ahí estás, reclinado
          en un banco del patio
                    del colegio.
Cinco amigos charlamos de no me digas qué,
hace rato que escucho únicamente
cómo recorren con torpe disimulo
tus dedos mi melena.

UNIDADES DE MEDIDA

Cuando la soledad se lame
aquellas cicatrices sin sellar,
¿cuánto dura un recuerdo?
¿Cuánto pesa el olvido?
¿Cuánto mide un deseo?

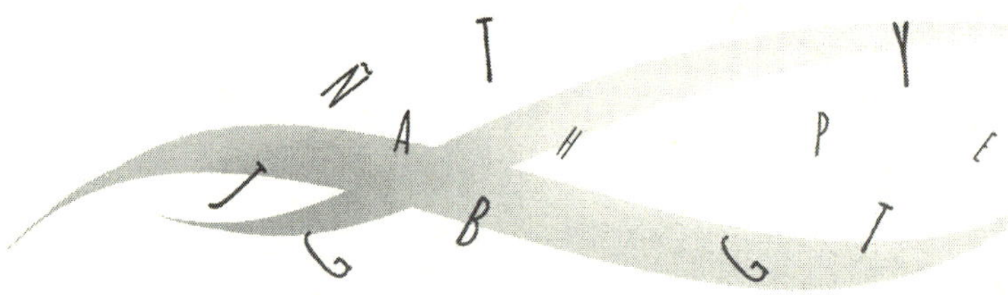

TE EXTRAÑO

Si una noche me llamas
quedamos a una hora
y cimbrea
otra vez tu mano mi cintura,
no la retires tan pronto como antaño,
déjame disfrutar su reposo en mi piel.

Si él me tiende la mano
y tus ojos perciben
los nervios que provoca
su tímida presencia,
amor alado, atrévete
a conquistar la noche con mis brazos.
Te entregaré la magia de la luna
si en susurros la pides al oído.

INCONCLUSO

Un despiste más de ti, Cupido,
estabas distraído en mi momento.
El desengaño siempre hiere,
deja arañazos crueles, mal humor
y una candente desazón
por tu breve compaña,
por tus pocas palabras,
por tus abiertas citas
embaucadas al tiempo
que espera una llamada
que nunca llegará.

PROBLEMAS DE CÁLCULO INFANTIL

Cuánta caricia ausente
en nuestra cobardía.
Cuántos besos distantes
que jamás se cumplieron.
Cuántos abrazos dulces
se perdieron por miedo.
Cuánto amor puro y fresco
tras la torpeza tímida.

SI…

Si acudieses nuevamente a mi noche,
procuraría a mordiscos acallar
la timidez que esconde
en una caracola
el jadeo incontenible del deseo.

Me consuela haber sido
caricia de tu rostro,
amiga sin agravio,
amorosa presencia
y empuje, fuente y copa
de tus labios.

QUIZÁS

Puede que la caprichosa Fortuna
ligue nuestros caminos por error
y nos *veamos*[8] alguna que otra vez.
Conoceré a tus hijos, tú a los míos,
cruzaremos fórmulas de rigor
y prósperos deseos de futuro.
Y llegará a su fin la despedida
tan insensatamente postergada.

---

8. Para favorecer su lectura oral, el autor señala en cursiva las sinéresis.

CORRIENTE CONTINUA

La vida, la carrera del tiempo
y remolinos cíclicos del reloj interior.
Una llamada al móvil
en un intento inútil de parar las agujas,
de volver al pasado,
de contemplar atrás
deteniéndolo todo.
Todo transcurre y fluye
y con dolor extirpo
la garra persistente y gangrenada
del recuerdo que yace anquilosado.

TSNR[9] EN TRES TIEMPOS

Puedo velar en las noches escuchando el desorden de tus venas [...].

Marguerite Yourcenar, *Sources II*

I. INOCENCIAS TEMPRANAS

Ya no quieres abrirme tu presente
y aun así me pregunto
si alguna vez entornas el pasado.
Te convertiste en mi primer amor
sin esperarlo ninguno de nosotros
y por ello, perduras en los buenos recuerdos
que han crecido conmigo.
Solía veranear con toda mi familia,
abuelos, tíos, primos, padres y hermano,
y todos habíamos ido a Raxó
un mes de agosto de un año de la infancia.
Allí, al salir de la casa de cuento
que alquilábamos, nuestros pies
pisaban ya la arena de la playa.

---

9. Tensión sexual no resuelta.

Era un hogar más de pescadores
y la dueña, viuda como tantas
en las costas gallegas,
se sacaba un dinero al arrendarla.
Aún persistían las huellas
del Hortensia en algunas fachadas.
Allí, junto a los míos,
disfrutaba del mar de los veranos
y allí, por vez primera descubrí
que me faltaba algo y eras tú.
Al terminar el día,
se te echaba de menos,
extrañaba tu ausencia
como parte de mí.
Acabó el mes de agosto, volvimos a la escuela
pero yo sentí miedo de una emoción tan viva.
Tú encontraste un momento, susurraste:
déjame acompañarte en los recreos.
Aquellas vacaciones engarzaban
un mismo sentimiento
que no sabía domar en su insistencia.

Ha pasado ya demasiado tiempo
pero a veces te sueño como hoy
con la ternura pura de la primera vez.
Me despierto con la bondad abierta al pozo de mi pecho
y aparecen recuerdos que hasta creía olvidados
como aquella caricia que enredaste en mi pelo.
Yo, alborozo por dentro,
te asusté con un brusco: ¿Te gusta mi cabello?
Y entonces, te alejaste al verte descubierto,
y yo que aparentaba la superioridad
de quien se siente amado lamentaba por dentro
el provocar tu huida y mostrar mi torpeza
con aquella emoción que se estrenaba en mí.

II. MEDIAS TINTAS

Hoy presentí tu mano enlazada a mi pelo
y volví a mi presente.
Tú, distante, tan racional y aséptico,
me envías los mensajes en el número exacto
que permita mantener el contacto.
Pretendes evitar el entregarte
y el perderme de nuevo,
difícil equilibrio el de las medias tintas.
Tratas de conservarme en Telegram
para cuando regreses a tu ciudad natal,
y la tibieza no suele calentar rescoldos del pasado.
Tú intentas que con pequeños soplos
se mantenga la llama sin hacerla crecer
                                        pero sin que se apague.
¿Te conformas con la amistad de infancia,
quizá porque los cambios
                                exigen asaltar
la determinación del riesgo al paso incierto?
Quizá porque estés cómodo
                                y no persigas más
al hallarte algo lejos.

Quizá ya des por hecho
que al regresar te espere con mis brazos abiertos.
Quizá no desees ataduras tras algunos fracasos,
tan solo relaciones esporádicas que calmen
o consuelen tu sexo,
sin alterar el orden de tus venas,
sin avivar la mortecina llama del recuerdo;
sin ansiar perseguir galaxias en mis sábanas,
sin transformarnos juntos en esferas
celestes y danzantes, fundidas en hoguera.

III. MEDIOCRIDAD DIÁFANA

Demasiados quizás
para intentar lo que nunca ocurrió
y hubo un tiempo en que ambos deseamos y quisimos.
Se me ofrecen tres exiguas opciones:
recuperar el amigo que fuiste
                                        o que quizás forjé
(apenas me das tiempo a discernirlo),
amante compartido u olvidarme de ti.
Ninguna de ellas sacia mi libido rebelde.
Un insulso tal vez sí, pero no.
Qué inútil el amor no entregado
qué vano el deseo no compartido.
Y la realidad calla,
pues la tenaz memoria serpentea
entre *y sí...*,
             y desordena insensata
y ansía una aurora rezagada
de latido inflamado
en tu pecho florido
regado de palabras regaladas.

LASCIVIA DERROTADA

Sentí y me lancé.
Bésame el cuello —susurré— y sus labios
aletearon torpes en mi piel.
Ansiaba un fauno
y una avecilla delicada y torpe
se posaba en mi cuerpo enardecido.
No digo yo que me empotrase toda
contra las paredes de la alcoba,
pero algo más de fuerza,
de garbo
y poderío...
Algún que otro mordisco
que marcase esa diferencia entre gusto y placer,
que arengase por dentro a la garganta:
«Sí, sigue. Lánzame al estrellato».
Bueno, ya me entendéis.
En resumen, ni sátiro desvaído...
y mis deseos caprinos y flamígeros,
incandescentes con mil fogonazos,
lejos de sofocarse,
se rendían a una evidencia,

cómo expresarlo:
suave;
flácida;

decaída;
sin la firmeza de los cinco sentidos congraciados.
Y entonces, la puntilla:
¡su cabeza
reposada en mi pecho claudicante!
¡Qué sensación de convertirme en madre,
y no en amante saciada y satisfecha!
Luego,
tan solo la indulgencia
de favorecer
otra oportunidad;
una que fatigue
mi ardiente deseo
y propicie al menos
dos sonrisas simultáneas.

IMPULSOS

A Charo Charro

Ver cerrarse la herida,
volver a ser impulso.
Aprender a disfrutar de nuevo
de las pequeñas cosas de la vida:
una tarde en la playa,
las olas amaestradas
de un pacífico mar.
Recuperar el arte del ocaso
tras un paseo hasta el faro
que señala el perfil del horizonte
entre rojizos retazos de naranjas.
Seguir la curvatura de la Tierra
mientras el sol esconde su esplendor
hasta no ver más luz que la absorbida
en infinita estela plateada.
Placeres terrenales donde reposa el alma
en busca de belleza
dando esquinazo a la premura absurda,
dejando la prisa urbana prendida
a la maleza alborotada al viento,

que a su antojo despeina la espesura
y nos descubre una pequeña cala
en la que un hombre solo, escama y piel,
emerge poderoso entre las olas.

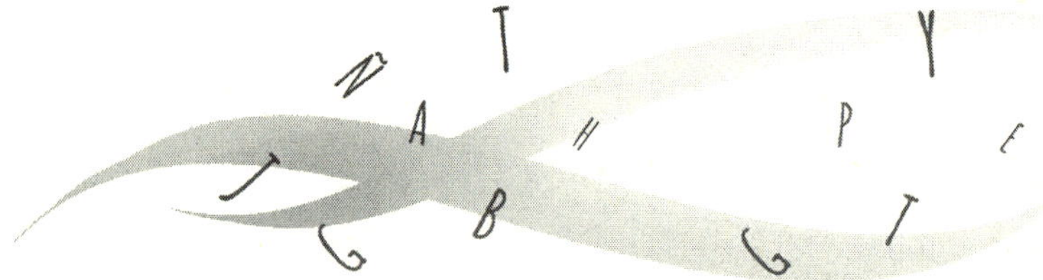

DEBATE DE INTELIGENCIA ARTIFICIAL Y AUTORA

IA

¿Por qué sigues buscando la palabra precisa
que tan pocos leerán?
¿Por qué te irrita no hallar la voz o la estructura
que apenas es neblina en tu cabeza?
¿Por qué no recurres a la eficiencia rauda
de mi algoritmo práctico
y das palos de ciego en el papel en blanco?

AUTORA

Porque defiendo mi pensamiento libre
sin que lo usurpes con útiles palabras
carentes de emociones.
Porque sé que al delegar en otros
se termina indefensa,
dependiente
y esclava.
Prefiero el logro del proceso de búsqueda
al resultado dado;
antepongo la forma de la estética inútil
al tecnológico producto mercantil.

¿Qué importa que respondas a Alexa, Siri o ChatGiPiTi?
Apareces sin llegar a nombrarte,
te adentras en mi mente como sabueso
que ha descubierto el rastro de mis búsquedas
y persigue su presa.
Consigues mis deseos,
los tratas de morder
e ignoras
que yo poseo la llave
de apagar internet.

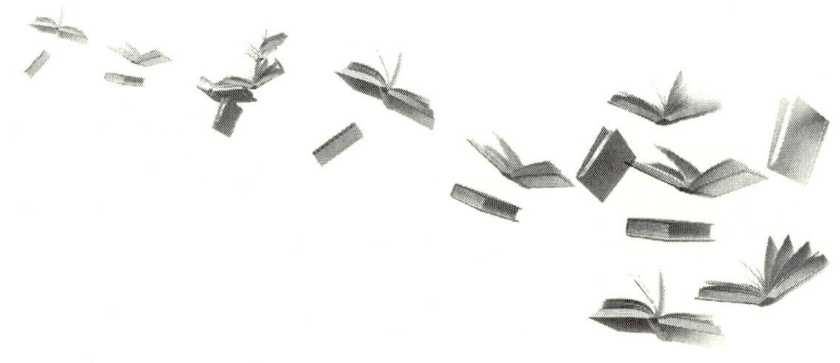

AGRADECIMIENTOS

Mi primer agradecimiento ha de ser para el profesor José Enrique Martínez, catedrático de Teoría de la Literatura en la ULE, a quien me une la admiración, la amistad, y quien siempre pródigo en parabienes se ha convertido en mi prologuista de cabecera por segunda vez. Mi siguiente agradecimiento me emociona e intimida al alimón por haber sido reseñada por el polifacético maestro del humor literario Fernando Iwasaki en *ABC* (¡aún lo escribo con sonrojo y arrebato!). Confesaré que sentí uno de esos «momentos oceánicos» de Romain Rolland que Rosa Montero recuperaba y definía en *El peligro de estar cuerda* como: «instante de aguda y trascendente intensidad, cuando tu yo se borra la piel, frontera de tu ser, se desvanece, de manera que te parece sentir que las células de tu cuerpo se expanden y se fusionan con las demás partículas del universo» (p. 207). Sé lo que estáis pensando, uno se siente pleno y parte de la armonía del cosmos en uno de esos instantes en los que sobrevuelan las palabras con alas.

Recuerdo su pregunta, tras leer mis *Relatos en diáspora*: ¿Tú no escribes poesía? Y he aquí mi primera incursión en los poemarios.

A todos mis amigos y ahora fans lectores, pero especialmente a Rosa M.ª Ludeña, compañera de las lides del aula y deseosa de ser la primera mirada de mis textos, a quien agradezco su inquisitiva pulsión ante cualquier errata. A Óscar García Fernández, quien fuera alumno mío cuando yo impartía Teoría de la Literatura como becaria en la ULE, y ahora todo un doctor forjado en el Siglo de Oro y buen amigo que me ha acompañado en esta nueva andadura de la publicación. La fortuna me ha concedido contar en mis presentaciones con grandes compañeros como los mencionados Óscar y Rosa, a los que se han sumado otros grandes amigos y gigantes como, por orden cronológico de mis presentaciones, el insigne gongorista Juan Matas Caballero, Manuel Cuenya, Natalia Álvarez y José Luis Serrano Cantarín, exhaustivo lector de mis textos, amplio conocedor del lenguaje marinero a quien le debo la precisión en los términos de una embarcación y el feliz hallazgo de la volandera *peluca de alondras* de la «Balada para un loco» de Horacio Ferrer. A Ruy Vega por su hermosa reseña al recoger mis primogénitas *Baldosas amarillas* en una de sus «Cartas a ninguna parte» de 2023. A todos ellos me liga el vínculo de ese cordón umbilical que aporta todo alumbramiento creativo.

A todos mis amig@s y exalumn@s que han dibujado una enorme sonrisa en mi alma al sorprenderme al acudir a mis presentaciones, pese a que el tiempo pasa demasiado veloz. Son muchos nombres y deseo que todos se vean reconocidos en estas palabras, si bien debo destacar a Lucía Blanco Paniagua, exalumna, amiga y ahora compañera de departamento, quien se ofreció solícita a ayudarme con las modernidades del QR; a Imelda Martín-Junquera, quien quiso llevar mi obra allende los mares a esa Norteamérica hispana que investiga; y a Maite Alguacil Marí, a quien mi obra me ha permitido reencontrar en un inmenso abrazo. Y, cómo no, a los nuevos lectores y a aquellos que navegan en las buenas mareas y en las malas conmigo, a mi familia siempre.

ÍNDICE

III. JUEGOS LITERARIOS

IV. LA REALIDAD MENOS LÚDICA9

V. SORPRESAS

ÍNDICE DEL QR: *ZARANDAJAS* EN VOZ

Este libro se terminó de editar en Granada
en marzo de 2025 por

www.aliarediciones.es
info@aliarediciones.es